REMY DE GOVRMONT

L'IDÉALISME

A PARIS

ÉDITION DV MERCVRE DE FRANCE

15, RVE DE L'ÉCHAVDÉ, 15

1893

L'IDÉALISME

1

170 exemplaires, numérotés et monogrammés par l'auteur, — dont 15 exemplaires sur vélin de Hollande van Gelder.

Dessin de Filiger.

N^o

NOTICE

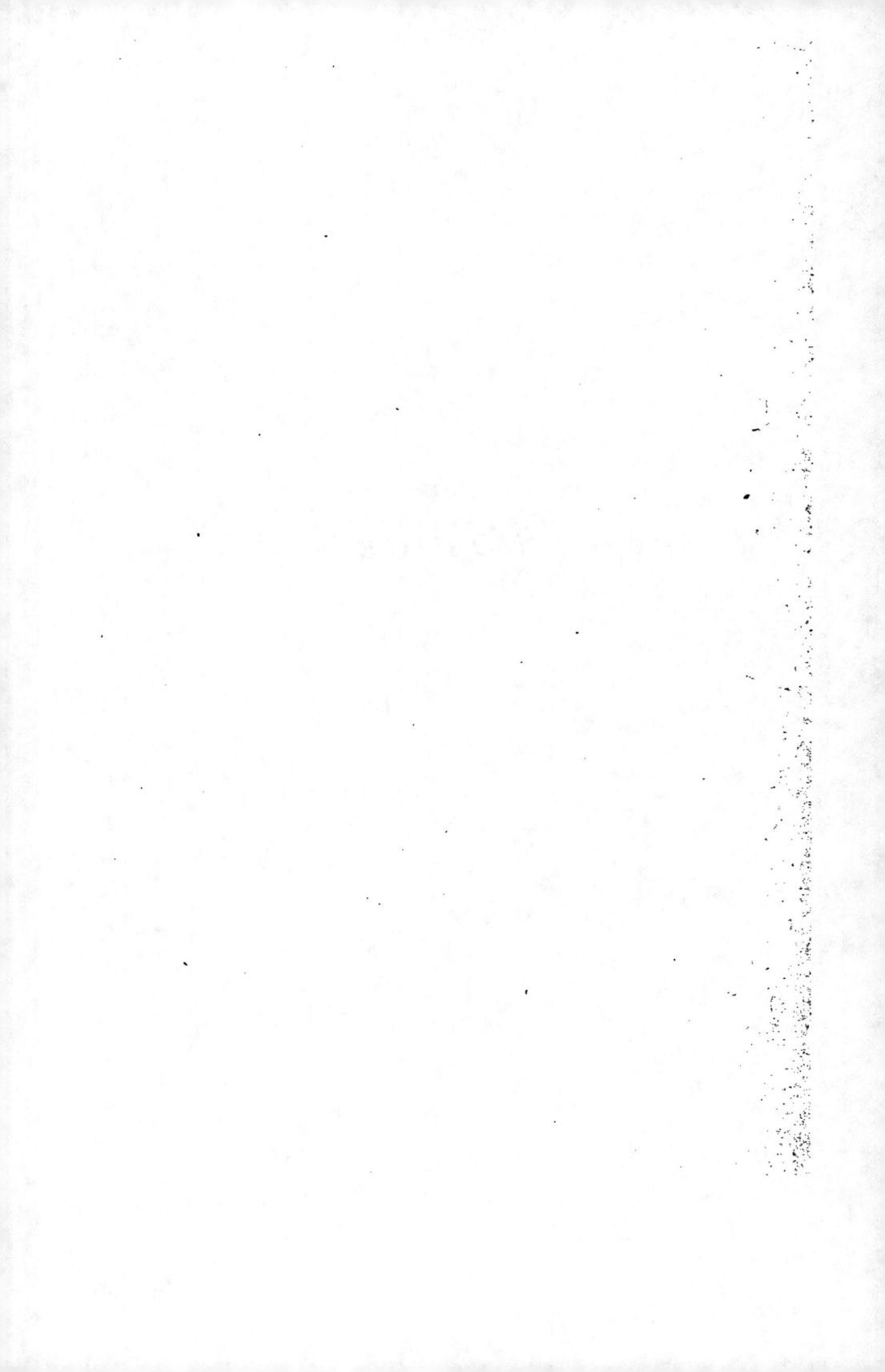

Ces articles furent imprimés, le der-
nier printemps, en diverses revues qui
voulurent bien me laisser dire : les
Entretiens, *la* Revue Blanche, *les* Essais
d'Art libre, *l'*Ermitage, *le* Livre d'Art.

Les voici ensemble, liés par un seul
fil, même les trois derniers dont le ton
sera un peu discordant.

A cette heure, la théorie idéaliste n'est
plus guère contestée que par quelques
canards enclins à se plaire dans les
vieux marécages. Les naturalistes les
plus entêtés et les plus obtus ont cédé
eux-mêmes à l'énergique pression intel-
lectuelle qui, depuis quatre ans, depuis
la mort de Villiers de l'Isle-Adam,
pesa sur le monde où la pensée s'élabore
en œuvres d'art.

La grande guerre est donc finie,
mais selon le conseil de Machiavel, —
le « maître bien-aimé de Tribulat
Bonhomet » — il faut achever les bles-

sés, sans pitié, afin qu'ils ne surgissent pas guéris et aptes à de nouvelles batailles. Si médiocre que soit un vaincu, sa colère est toujours à craindre : c'est pourquoi l'extermination est nécessaire.

Cette tâche dernière, l'idéalisme l'accomplira par des œuvres et non plus par des polémiques. Il y en a, mais pas « a grant plenté »; certains se manifestent, mais trop brèvement, — et la chanson de la rose qui parle s'assourdit sous l' roucoulement invétéré des coulombs romans : — murez les coulombs dans les trous du pigeonnier.

J'espère que tant de férocité ne sera pas jugée contradictoire avec les principes de la liberté de l'art, que je préconise avant tout.

R. G.

25 mars 1893.

L'IDÉALISME

L'IDÉALISME

Ce mot traîne dans les journaux : des gens aussi vains que M. Filon se permettent de l'écrire, croyant le comprendre ; les néo-chrétiens en font usage avec l'aplomb de l'apprenti sorcier de Gœthe ; M. de Vogué chevauche ce manche à balai, — et de ce balai M. Desjardins balaie la sacristie ; c'est le mot à tout faire. Pour ces simplistes, un peu bornés, l'idéalisme est le contraire du naturalisme, — et voilà ; cela signifie la romance, les étoiles, le progrès, les chevaux de fiacre, les phares, l'amour, les montagnes, le peuple, toute la farce sentimentale dont on truffe entre gens du monde, les petites pains fourrés du thé de cinq heures.

Autrement, ces sots s'imaginent qu'idéalisme est synonyme de spiritualisme et qu'un tel vocable relève de la judicature de

M. Simon et de M. Déroulède ; qu'il clame
une doctrine morale et consolatoire ; que
les familles y puissent quelque vigueur à
procréer ; les conscrits, de l'enthousiasme ;
les pauvres, de la résignation.

Mais non, — et il importe de cartonner
à cette page le dictionnaire des lieux com-
muns : l'idéalisme est une doctrine immo-
rale et désespérante ; anti-sociale et anti-
humaine, — et pour cela l'idéalisme est
une doctrine très recommandable, en un
temps où il s'agit non de conserver, mais
de détruire.

En voici le sommaire.

Schopenhauer résume ainsi les principes
de l'idéalisme posés par Kant : « Le plus
grand service que Kant ait rendu, c'est sa
distinction entre le phénomène et la chose
en soi, entre ce qui paraît et ce qui est : il
a montré qu'entre la chose et nous il y a
toujours l'intelligence, et que par consé-
quent elle ne peut jamais être connue de
nous telle qu'elle est. » Théoricien de l'idéalisme, Kant n'en est pas le trouveur ; Pla-
ton fut rigoureusement idéaliste ; saint
Denys l'Aréopagite proféra : « Nous ne

connaissons pas Dieu tel qu'il est et Dieu
ne nous connaît pas tels que nous sommes »;
enfin les réalistes du moyen âge profes-
saient, eux aussi, la douloureuse relativité
de toute connaissance, que toute notion
n'est que d'apparence, que la vraie réalité
est insaisissable pour les sens comme pour
l'entendement. (1)

Les conséquences logiques de ces apho-
rismes sont nettes : on ne connaît que sa
propre intelligence, que soi, seule réalité,
le monde spécial et unique que le moi
détient, véhicule, déforme, exténue ; recrée
selon sa personnelle activité ; rien ne se
meut en dehors du sujet connaissant ; tout
ce que je pense est réel : la seule réalité,
c'est la pensée.

La relativité de l'extérieur étant bien
établie, nul besoin, théoriquement, pour le
moi, de se mêler à de problématiques con-
tingences ; il se suffit à lui-même, et il le
faut, puisqu'il est isolé de ses semblables

---

(1) La véritable premier théoricien du « phénoménisme »
serait encore plutôt Berkeley, mais, par excès de logique,
Berkeley va un peu loin et Kant, lui-mème, l'a réfuté
en réfutant Descartes (*Critique de la Raison pure*).

autant que deux planètes du système so-
laire. Convaincu que tout est transitoire,
hormis sa pensée, qui est éternelle (en ce
sens qu'elle capte l'éternité, comme un œil
capte la lumière); convaincu qu'il est seul
et impénétrablement seul, comme une
molécule douée seulement d'un pouvoir de
cohésion; convaincu enfin que tout est
parfaitement illusoire, puisque dans sa
course à la connaissance, ce colin-maillard,
il n'emprisonne jamais que son pérennel et
fastidieux moi; bien assuré qu'il ne peut
sortir de l'état égoïste que pour retomber
dans l'état per-égoïste, — l'idéaliste se dé-
sintéresse de toutes les relativités telles que
la morale, la patrie, la sociabilité, les tra-
ditions, la famille, la procréation, ces no-
tions reléguées dans le domaine pratique.

Un individu est un monde; cent individus font cent mondes, et les uns aussi lé-
gitimes que les autres : l'idéaliste ne saurait donc admettre qu'un seul type de gouvernement, l'an-archie; mais s'il pousse
un peu plus avant l'analyse de sa théorie
il admettra encore, avec la même logique
(et avec plus de complaisance) la domina-

tion de tous par quelques-uns, ce qui, d'après l'identité des contraires, est spéculativement homologue et pratiquement équivalent.

L'idéalisme pessimiste de Schopenhauer aboutissait au despotisme; l'idéalisme optimiste de Hégel se résout ⟨a⟩ns l'anarchie : il suffit d'évoquer la méthode des différenciations pour donner raison à Schopenhauer.

Tous les hommes, par cela seul que leur cerveau fonctionne, se représentent un monde; mais peu d'hommes se représentent un monde original. Considéré comme une entité, l'ensemble des cerveaux humains est pareil à un four à porcelaine d'où sortent successivement des millions de pièces identiques et banales; une sur un million apparaît bizarrement craquelée, roussie, fumée, rayée d'étranges dessins imprévus et fous, gondolée, creusée, soufflée, déformée, *ratée* (1) : cette pièce de porcelaine,

---

(1) *Pièces ratées.* — Villiers de l'Isle-Adam, le lendemain de sa mort, fut qualifié de *raté* par M. Fouquier et quelques autres reporters.

c'est la représentation du monde conçue par les esprits supérieurs, par les génies. C'est, en somme, pour cette pièce unique que le four chauffe et il importe peu que toutes les autres soient anéanties, si celle-là demeure.

Mêlé à la vie active (qu'il dédaigne, peut-être par inaptitude) l'idéaliste jugerait des hommes comme de ces pièces de porcelaine; il les mettrait à leurs vraies places : les supérieurs en haut, les inférieurs en bas, — « le peuple étant fait pour obéir aux lois et non pour dicter des lois (1) ».

(La théorie anarchiste emporte à peu près les mêmes conséquences : en l'absence de toutes lois, l'ascendant des hommes supérieurs serait la seule loi et leur juste despotisme incontesté).

En conclusion, ou bien l'idéalisme engage au désintéressement absolu de la vie sociale; ou bien, s'il condescend à la pratique, il conclut à des formes de gouvernement que tous les esprits sains et nourris de doctrines prudentes n'hésiteront pas à

---

(1) Schopenhauer.

qualifier d'immorales, de subversives, d'incompatibles avec nos mœurs démocratiques, — et ces formes sont : l'anarchie, pour que l'influence intellectuelle soit exercée par ceux qui sont nés pour cette fonction; le despotisme, pour qu'il pourvoie les imbéciles de bonnes muselières, car, sans intelligence, l'homme mord.

La vie sociale étant écartée, il reste un domaine où il semble que l'idéalisme pourrait régner sans nuire au développement de la mufflerie démagogique, l'art. Mais, parler de l'art, à cette heure, serait une ironie par trop cruelle : jadis, il fut libre ; ensuite, il fut protégé; aujourd'hui, il est toléré; demain, il sera interdit. Pratiquons-le encore, mais en secret; en des catacombes, comme les premiers chrétiens, comme les derniers païens.

LE SYMBOLISME

LE SYMBOLISME

On croit le moment bon pour le dire avec sincérité et naïveté : à cette heure il y a deux classes d'écrivains, ceux qui ont du talent, — les Symbolistes ; ceux qui n'en ont pas, — les Autres.

Oui, selon de précédentes formules, et selon une liberté différemment comprise d'aucuns firent des œuvres ; mais ces Aucuns là ne sont-ils pas enfin périmés ? Et les coraux qu'ils sécrétèrent, les îlots qu'ils érigèrent, un flot nouveau ne vient-il pas, tel qu'un orageux raz de marée, les secouer, les désagréger et ne permettre qu'aux indestructibles de maintenir au-dessus de l'asphyxie leur tête fleurie ? Ils meurent, ils s'émiettent, ils se pétrifient, l'orage passé, sous une couche de silence, ils s'enfoncent lentement, ils descendent vers la géologie qu'ils vont devenir.

Ces débris d'inconscients et microscopi-
ques travaux, à peine s'ils inspirent encore
quelque respect (si On nous le permet) ou
quelque curiosité à des passagers en pro-
menade autour du monde, et les chefs de
ces défuntes colonies (un peu animales,
peut-être ?) ne sont pas du tout des Chefs;
ils n'ont plus ni manœuvres, ni clients,
Patrons démodés, Pratriciens vieillis et
sans influence, entrepreneurs de batisses
entre les mains desquels et sous les yeux
(les mauvais œils) desquels les moëllons
fondent comme les morceaux de sucre
dans les romans de M. Daudet.

Les coraux rouges, nous les vîmes assez:
qu'ils soient bleus !

L'un des éléments de l'Art est le Nouveau, — élément si essentiel qu'il institue
presque à lui seul l'Art tout entier, et si
essentiel que, sans lui, comme un vertébré
sans vertèbres, l'Art s'écroule et se liquéfie
dans une gélatine de méduse que le jusant
délaissa sur le sable.

Or, de toutes les théories d'Art qui
furent, en ces pénultièmes jours, vagies,
une seule apparaît nouvelle, et nouvelle

d'une nouveauté invue et inouïe, le Symbolisme, qui, lavé des outrageantes signifiances que lui donnèrent d'infirmes court-voyants, se traduit littéralement par le mot Liberté et, pour les violents, par le mot Anarchie.

La Liberté en Art, nouveauté si stupéfiante qu'elle est encore et demeurera longtemps incomprise. Toutes les révolutions advenues jusqu'ici en ce domaine, s'étaient contentées de changer ses chaînes au captif et généralement, c'était en de plus lourdes que les muait la douloureuse ingéniosité des novateurs. Mais, les chaînes, c'est-à-dire des règles, des grammaires, des formules, cela convient au peuple de l'Art, composé d'une majorité d'enfants et de vieillards, satisfaits — lit ou berceau — qu'un guide sûr les promène en petite voiture. Le haquet de Thespis brouetta ces résignés deux siècles durant ; puis ce fut le cabriolet romantique, puis la tapiserie parnassienne, puis le tombereau naturaliste, puis le cab psychologique, puis le vélocipède néo-chrétien, — et ils étaient toujours soigneusement ligotés.

Si l'on veut savoir en quoi le Symbolisme est une théorie de liberté, comment
ce mot qui semble strict et précis, implique,
au contraire, une absolue licence d'idées
et de formes, j'invoquerai de précédentes
définitions de l'Idéalisme, dont le Symbolisme n'est après tout qu'un succédané.

L'Idéalisme signifie libre et personnel
développement de l'individu intellectuel
dans la série intellectuelle ; le Symbolisme pourra (et même devra) être considéré par nous comme le libre et personnel
développement de l'individu esthétique
dans la série esthétique, et les symboles
qu'il imaginera ou qu'il expliquera seront
imaginés ou expliqués selon la conception
spéciale du monde morphologiquement
possible à chaque cerveau symbolisateur.

D'où un délicieux chaos, un charmant
labyrinthe parmi lequel on voit les profes-
seurs désorientés se mendier l'un à l'autre
le bout, qu'ils n'auront jamais, du fil
d'Ariane.

Ils voudraient comprendre, ils cherchent,
quand parlent les harpes, à agripper au
passage quelques clairs et nets lieux com-

muns; ils croient qu'on va leur redire les
vieilles généralités qu'ils biberonnèrent à
l'Ecole, tout ce qui, définissant la Femme,
définit la marcheuse et la gardeuse d'oies.
Si le Symbolisme devait (comme d'aucuns
l'ont annoncé) revenir à des concepts aussi
simples, à des imaginations aussi naïves,
ils ne serait ni ce qu'il est, ni ce qu'il sera :
— il continuerait tout simplement le clas-
sicisme, et alors, à quoi bon ?

Sans doute, il apparaît, en un certain
sens, comme un retour à la simplicité et à
la clarté, — mais il demande de tels effets
au complexe et à l'obscur, au Moi ou toutes
les idées s'enchevêtrent, où toutes les
lumières concourrent à ne donner que de
la nuit. On est toujours compliqué pour
soi-même, on est toujours obscur pour
soi-même, et les simplifications et les clari-
fications de la conscience sont œuvre de
génie ; l'Art personnel — et c'est le seul
Art — est toujours à peu près incompréhensible. Compris, il cesse d'être de l'art
pur pour devenir un motif à de nouvelles
expressions d'art.

Mais, si personnel que soit l'Art symbo-

2

liste, il doit, par un coin, toucher au non-
personnel, — ne fût-ce que pour justifier
son nom ; et il faut toujours être logique.
Il doit s'enquérir de la signification perma-
nente des faits passagers, et tâcher de la
fixer, — sans froisser les exigences de sa
vision propre, — tel qu'un arbre solide
émergeant du fouillis des mouvantes brous-
sailles ; il doit chercher l'éternel dans la
diversité momentanée des formes, la Vérité
qui demeure dans le Faux qui passe, la
Logique perennelle dans l'Illogisme
instantané, — et, néanmoins, planter un
arbre qui soit si spécial, si unique de
ramure d'écorce, de fleurs et de racines,
qu'on le reconnaisse entre tous les arbres
comme un arbre dont l'essence n'a ni
sœurs ni frères.

Je sais bien que (1), par la définition

_____

(1) « Quant au sujet absolu, la substance, elle ne peut
pas être dans les phénomènes extérieurs, autrement, elle
serait conditionnelle et non pas absolue. Pour que
cette substance devienne une pensée, il faut qu'elle soit
en relation avec le *moi*; elle dépendra alors du sujet
pensant. Pour que la substance soit absolue, il faut qu'elle
soit la substance des phénomènes intérieurs du *moi*, c'est-
à-dire le sujet pensant qui ne dépend que de lui-même. »
Kant, *Critique de la Raison pure.*

même de l'Idéalisme transcendantal, de celui qui s'occupe des intelligences supérieures ou transcendantes, le Permanent lui-même ne peut être conçu que comme personnel, c'est-à-dire comme transitoire, et que ce qu'il y a d'Absolu vraiment est incogniscible et hors d'être formulé en symboles ; ce n'est donc qu'au relatif absolu que vise le Symbolisme, à dire ce qu'il peut y avoir d'éternel dans le personnel.

Cette manière de comprendre l'Art exclut l'artiste médiocre qui ne détient, cela va sans dire, rien d'éternel dans son *personnel* et qui ne saurait exprimer une idée un peu humaine (ou divine) que par démarquage ; mais cette sorte d'êtres a régné assez longtemps grâce aux tuteurs qu'on lui tolérait : que son règne finisse (si c'est possible?) et soyons intolérants.

Pratiquement, il importe que le Symbolisme, art libre, acquière dans l'estime générale une valeur qu'on lui a, jusqu'à ce jour déniée ; il importe qu'à côté des formes connues on tolère des formes inconnues et que de la serre chaude de la Littérature on n'expulse pas les plantes, nées de graines de hasard, ignorées des catalogueurs et des jardiniers. Pour cela nulle concession ne doit être faite ; c'est aux intellects rudimentaires à se développer et non aux larges intelligences à se rétrécir pour permettre à l'œil distrait de parcourir plus facilement une moindre surface.

Et les tuteurs, les règles, les lois, il faut les couper et les hacher et qu'à la place de de ces chênes pourris, piqués de trous de vermine, l'hierre qui s'accrochait aux troncs s'accroupisse en une ridicule désolation.

L'ART LIBRE

ET L'ESTHETIQUE INDIVIDUELLE

L'ART LIBRE

ET L'ESTHÉTIQUE INDIVIDUELLE

Les modèles ont, de tout temps, devancé les préceptes. Cette pensée de M. de Laharpe simule un lieu commun, mais seulement peut-être par sa forme démodée et l'étroitesse des termes où elle se base. En un langage plus philosophiqne, plus général et plus s lide, on obtiendrait un aphorisme tel que : « L'Art est antérieur à l'Esthétique », — ce qui apparaît non plus un lieu commun, mais une vérité éternelle.

Les Vérités éternelles, — il n'y a de vraie plaisante dialectique qu'à se battre sur leur dos. Elles sont patientes, souffrent les coups maladroits, les insultes, les caresses, et l'ironie de leurs yeux immuables étant tournée vers le ciel, les protagonistes n'ont pas à rougir ou à trembler sous un regard qui pourrait être médusien.

Les Vérités éternelles, — elles sont de

toute morphologie. Il y en a de blondes
avec des chairs laiteuses qui nous leurrent
de la nubilité d'une prenable vierge; il y
en a qui ont les quatre pieds d'une bête et
dont le front angulaire contient, en sa géo-
métrie, toute l'inquiétude humaine; il y en
a dont les ailes, plus larges que les ailes des
condors, abritent sous leurs plumes un
peuple de pensées...

Celle dont je parle est un des plus mo-
destes Éons; elle fréquente la Terre et fait
plus volontiers son nid syllogistique en tel
cabinet d'étude que dans la barbe de Ju-
piter.

Donc : l'Art est antérieur à l'Esthétique.

Lemme : l'Esthétique doit être une expli-
cation et non une théorie de l'Art.

Plusieurs ayant contesté, non l'aphorisme, qui est indiscutable, mais son
lemme, qui l'est moins, quelques argu-
ments nouveaux seront peut-être bien
accueillis par quelques lecteurs de bonne
volonté.

L'essence de l'Art est la liberté. L'Art ne
peut admettre aucun code ni même se sou-
mettre à l'obligatoire expression du

Beau (1). Non seulement il se refuse au joug d'une formule passagère, mais il dénie la domination de l'absolu humain, — lequel n'est d'ailleurs que la moyenne des goûts, des jugements, des plaisances de la moyenne humanité. Il peut violenter cet absolu, il peut balafrer la Beauté, — et répondre : « Votre Absolu n'est pas le Mien », et : « Il me plaît de balafrer la Beauté. »

L'Art est libre de toute la liberté de la conscience ; il est son propre juge et son propre esthète ; il est personnel et individuel, comme l'âme, comme l'esprit : et, l'âme libérée de toute obligation qui n'est pas morale, l'esprit libéré de toute obligation qui n'est pas intellectuelle, l'Art est libéré de toute obligation qui n'est pas esthétique. C'est en vain qu'il chercherait le Vrai que l'intelligence seule peut connaître, ou le Moral que la conscience seule distingue ; il est inapte à ces opérations, il ne comprend et ne s'assimile que ce qui est adéquat à son sens unique : le Sens esthétique.

---

(1) « La beauté, œuvre de l'art, est plus élevée que celle de la nature », et : « La beauté dans la nature n'apparaît que comme un reflet de la beauté de l'esprit : » Hégel, *Esthétique*. Introduction.

2*

C'est même pour cela qu'il est libre. Il
se développe du dehors au dedans, sans
préoccupations d'avoir à partager son es-
pace avec d'autoritaires entités; il se développe et s'enroule sur lui-même, se com-
plique à loisir, multiplie ses fibres, ses
feuilles, ses fleurs intérieures; il se développe et croît dans l'obscurité du Moi, et
'il vient, au jour de l'explosion vitale, à
projeter impérieusement ses végétations,
elles étonnent comme des conséquences
anormales, illogiques, incompréhensibles.

L'individu est anormal : on ne le classe
que par les limitations imposées à ses
manifestations extérieures; intérieurement,
il est anormal, il est un être dissemblable
des êtres qui lui ressemblent le plus. L'Art
(que je considère ici comme une des
Facultés de l'âme individuelle) est donc,
de même que l'individu lui-même, anormal, illogique et incompréhensible.

Or si la différenciation est évidente (ou
tout au moins, microscopiquement possible à établir) entre tous les individus
humains doués de l'âme, — cette différenciation devient bien plus évidente (et incon-

testablement notoire) entre le petit nombre des individus humains doués d'une âme supérieure. Selon l'échelle de la vie, les membres de tel groupe d'êtres sont dissemblables de plus en plus, à mesure qu'ils se sont davantage perfectionnés : les atômes plasmiques et quasi-mécaniquement oscillants qui composent les primitives colonies animales (1) ne diffèrent pas entre eux ; leur forme est souvent cristallique, rhombes ciliés, polyèdres poilus. En montant, on distingue, à un point donné, le frère du frère, — et enfin, dans l'humanité, les individus identiques sont extrêmement rares et de négligeables exceptions. Doués d'une âme supérieure, les individus sortent du groupe formel; ils vivent à l'état de mondes uniques; ils n'obéissent plus qu'aux lois très générales de la graviation vitale dont Dieu est le centre et le moteur. A ce degré animique, la prédominance de l'Amour fait les grands saints, la prédominance de l'Esprit, les grands philosophes, la prédominance de l'Art, les grands artistes, — et

---

(1) Cf. Perrier, *Colonies animales.*

différentes variétés de génies selon que ces prédomidances sont absolues ou mélangées.

Donc, si les êtres supérieurs diffèrent radicalement, essentiellement, les uns des autres, la production esthétique des uns différera non moins radicalement, non moins essentiellement de la production esthétique des autres. En conséquence nulle commune mesure entre deux œuvres d'art, nul jugement de comparaison possible, nulle théorie critique qui puisse les capter dans ses filets, nulle esthétique qui, applicable à la première de ces œuvres, soit encore applicable à la seconde, — nulle règle fabriquée d'avance, sous laquelle puisse se courber ni la première ni la seconde de ces œuvres d'art, ni aucune œuvre d'art. (1)

Mais, l'Art étant « anormal, illogique et incompréhensible », on peut tolérer que des gens très intelligents et capables de l'effort d'objectivité, en éclairent un peu

(1) « Le principe du jugement du goût que nous nommons esthétique ne peut être que subjectif ». Kant, *Critique du jugement.* cité par L. F. Schön, *Système de Kant ;* Paris, 1831.

— oh! très peu, — les obscurités et dévoilent au public distrait les secrets de la magique Lanterne. C'est l'esthétique d'après coup, la critique explicative, le commentaire, — et il en faut refondre les principes à chaque artiste nouveau exhibé devant la foule stupide qui n'admet pas que l'on puisse différer de la médiocrité moyenne enseignée par l'État.

C'est aussi, l'Art étant libre dans la limite des organes dont il dispose, la liberté de l'esthétique, l'individuelle, la personnelle esthétique, le droit de juger d'après des règles individuelles et personnelles, au mépris des étalons, des patrons et des parangons.

... Les Vérités éternelles : l'ironie de leurs yeux immuables se tourne vers le ciel...

CELUI QUI

NE COMPREND PAS

CELUI QUI

NE COMPREND PAS

. . . .
Elle dira, lisant ces vers tout remplis d'elle :
Quelle est donc cette femme ? — Et ne comprendra pas.
Du Sonnet d'ARVERS.

De tous les plaisirs que peut procurer la Littérature le plus délicat est certainement : « Ne pas être compris! » Cela vous remet à votre place, dans le bel isolément d'où l'inutile activité vous avait fait sortir : reintégrer la Tour et jouer du violon pour les araignées qui — elles — sont sensibles à la musique.

« Celui qui ne comprend pas » n'est sensible ni à la musique ni à la logique; il est sourd, mais non muet, car il va clamant partout : « Je ne comprends pas!» Comme d'autres de leur talent ou de leurs idées, il

est fier de son inintelligence et des loques
verbales dont il vêt sa nudité spirituelle, —
et il s'exhibe, il fait le beau, et dès qu'on
flatte sa vanité, qui est « Ne pas comprendre », un éventail de plumes de paon lui
sort du derrière et sur chaque plume, en
guise d'œil, il y a un rond où écrit : « Moi,
je ne comprends pas ! »

Cette faculté fait qu'on l'estime. Il est
recherché de ceux qui ne comprenant pas,
ont un peu honte; son aplomb leur donne
du courage et ils se disent les uns aux autres, dès que la roue révélatrice esquisse son
orbe : « Voyez, celui-ci, non plus, ne comprend pas, — et pourtant, il n'en rougit
pas, au contraire ! »

Au contraire : il connaît sa valeur et
n'hésite jamais à se mettre en avant. D'ailleurs, sa queue de paon aux précieux ronds
est un drapeau commode et de loin visible.
Il ne l'a ramassé sur aucun champ de ba-
taille, il ne l'a ni chipé ni conquis : il l'a
sorti de son derrière, et quand il le déploie,
ce n'est pas pour conduire des ombres à
l'assaut de vaines entités.

« Celui qui ne comprend pas » est, en

effet, un homme pratique. Doué d'une si belle vertu, il l'exploite rationnellement et s'en fait des rentes. Tous les journaux lui sont ouverts; sa queue magique force toutes les portes : il gagne ce qu'il veut, rien qu'à écrire — avec de fins sous-entendus : « Je ne comprends pas. »

C'est un accapareur : la « grande Presse » ne lui suffit pas; il délègue à la « petite » ses lieutenants; mais ceux-ci, beaucoup plus bornés que le Maître, dépassent souvent la mesure, étalent une stupidité qui jette le décri sur des fonctions pourtant bien honorables et bien lucratives.

Moi, je ne me plains pas; je rencontre journellement « Ceux qui ne comprennent pas », et ils font ma joie. Je les aime : ils m'incitent à me retirer dans ma vraie vocation : le Silence.

***

Il est à supposer, car je ne suis ni inspiré ni visionnaire, que cette figuration de « Celui qui ne compreud pas » m'a été suggérée par telle bévue dont je fus victime :

Oh! bien peu, — et bien volontiers, si cela doit distraire quelques amateurs; je m'offre en spectale : amusez-vous! Mais vous amuserez-vous jamais autant que moi devant la parade de « Celui qui ne comprend pas » ?

Or, en de précédents articles, j'exposai quelques idées, ou — si l'on veut — quelques fantômes d'idées (mais lumineux, comme il sied à des fantômes, et d'une évidence phosphorescente) touchant l'Art que je désire libre, la rénovation du mot Symbolisme qui pourrait, je le redis, servir de dénomination commune (à l'usage du public lisant) à une dizaine d'écrivains âgés de moins de trente-cinq ans et clairement stimulés vers un but commun, touchant enfin (ou d'abord, mais c'est mon α et mon ω) l'Idéalisme dont je tentai, non sans présomption, d'établir la signifiance vraie.

Cette très modeste clameur en trois notes, cette primitive mélodie, si simple qu'un écolier se la serait assimilée instantanément, tomba dans l'oreille de « Celui qui ne comprend pas », celui qui est sourd mais non muet. Il perçut un vague son pareil aux bruissements des peupliers et, glorieux, cria : « Je ne comprends pas ! »

Oserais-je dire que ces syllables complaisamment et vaniteusement répétées me semblent surérogatoires — et que l'attitude, la démarche, le front et l'œil de « Celui qui ne comprend pas » suffisent à indiquer son essentielle non-intelligence? Il n'a même pas besoin de sortir et de hochéner sa queue hiéroglyphique; — d'écrire, encore moins.

Mais, il y faut mettre de l'indulgence et surtout il faut savoir que « Celui qui ne comprend pas » a pour clients d'inepticules snobs, incapables, tout seuls, de se hausser à un degré si éminent d'imbécilité cérébrale; c'est pour eux qu'il écrit, et, comme je l'ai déjà noté, son écriture est fructueuse.

« Celui qui ne comprend pas » est-il méchant ou envieux? Comme tous les sots, il est méchant et envieux, mais accessoirement, et d'une méchanceté si petite, d'une envie si mesquine, que c'est piqure de puce. Cela ne fait pas souffrir, cela n'incite ni à la colère, ni à la vengeance, c'est agaçant et voilà tout. Agaçant, et inévitable,

— l'omnibus de le littérature étant, comme les autres, infesté de parasites.

« Celui qui ne comprend pas » est donc insoffensif. Même ses morsurettes parfois sont des chatouilles; on rit, cela décongestionne le cerveau, c'est salutaire, — et si ensuite on écrase la bestiole, avec quelle pitié!

« Celui qui ne comprend pas » est donc surtout passif, et négatif; il est celui qui « ne... pas »; la borne qui ne remue pas, le pavé qui ne se révolte pas, etc... Passive, sa faculté d'incompréhension est illimitée et toujours égale à elle-même; négative, elle se façonne, elle se modèle comme cire, sur le sujet qu'il faut « ne pas comprendre », et spécialement elle excelle en les questions abstraites, — comme à peu près les « gardes » de la chanson :

Ils nous parlent de la gloire,
Nous qui n'y comprenons rien;
Mais s'ils nous parlaient de boire,
Tous les gardes, ils le savent bien.

« Ne pas comprendre » l'idée pure, et « ne pas comprendre » l'idée désintéressée.

invendable et immonayable, c'est le triom-
phe de l'homme à la queue magique. Pour
lui, et pour tous les intellects rudimentaires, l'idée ne se perçoit que concrète : la
littérature, une plume d'oie; — le génie,
M. Zola; — la poésie, un bon de poste de
quarante sous; — le symbolisme, un palikare à somptueuses moustaches; — la
musique, un pianiste; — etc.

Donnez-lui des explications; dites-lui
que la littérature est un mode d'activité;
que le génie est une réalisation; que la
poésie est une floraison d'âme; que le symbolisme est l'expression esthétique de
l'idéalisme; que la musique est la langue
de l'inconscient; etc., dites-lui tout cela et
commentez vos dires, — il répondra
(n'ayant perçu que de vagues sons pareils
aux plaintes des mélèzes) : « D'accord,
plume d'oie, Zola, bon de poste, palikare,
pianiste, etc. ».

Voilà pourquoi « celui qui ne comprend
pas » engendre autour de lui — et jusqu'aux confins du monde connu — tant de
jovialité; c'est le jeu des propos interrom-
pus, du coq-à-l'âne, — innocentes distrac-

tions, plaisirs quasi champêtres, de tous
ceux que peut procurer la littérature, plaisirs les plus délicats.

« N'être pas compris », cela vous remet
à votre place : réintégrer la Tour et jouer
du violon pour les araignées!

— Et quant à moi, me retirer dans ma
vraie vocation : le Silence.

L'IVRESSE VERBALE

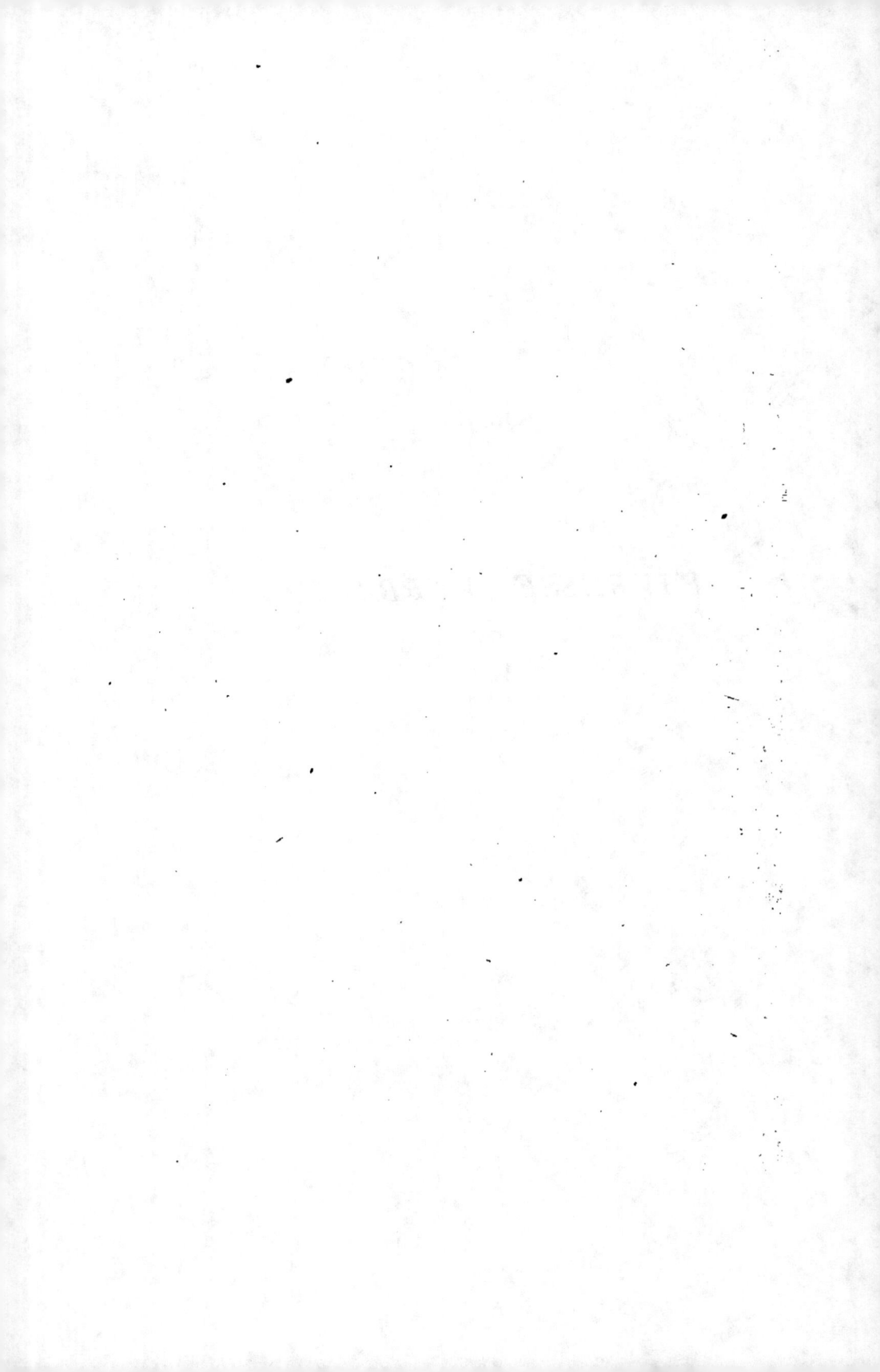

L'IVRESSE VERBALE

Les mots m'ont donné peut-être de plus nombreuses joies que les idées, et de plus décisives ; — joies prosternantes parfois, comme d'un Boër qui, paissant ses moutons, trouverait une émeraude pointant son sourire vert dans les rocailles du sol ; — joies aussi d'émotion enfantine, de fillette qui fait joujou avec les diamants de sa mère, d'un fol qui se grise au son des ferlins clos en son hochet : — car le mot n'est qu'un mot ; je le sais, et que l'idée n'est qu'une image.

Ce rien, le mot, est pourtant le substratum de toute pensée ; il en est la nécessité ; il en est aussi la forme, et la couleur, et l'odeur ; il en est le véhicule : et bai ou rubican, isabelle ou aubère, pie ou rouan, ardoise ou jayet, doré ou vineux, cerise

ou mille-fleurs, zèbre ou zain, le front
étoilé ou listé, peint de tigrures ou de
balzanes, de marbrures ou de neigeures,
— le mot est le dada qu'enfourche la
pensée.

Mais ce n'est pas pour cela que j'aime
les mots : je les aime en eux-mêmes, pour
leur esthétique personnelle, dont la rareté
est un des éléments ; la sonorité en est un
autre. Le mot a encore une forme déter-.
minée par les consonnes ; un parfum, mais
difficilement perçu, vu l'infirmité de nos
sens imaginatifs.

Si complexe que soit l'impression que
donne un mot, elle est subie néanmoins en
bloc, et il en est des vains vocables comme
des vaines femmes, ils plaisent ou déplai-
sent : le pourquoi ne se trouve qu'au retour
à l'état d'indifférence.

Des mots exquis peuvent signifier des
choses laides et sales, ce qui prouve bien
que leur charme est indépendant du sens
que le hasard et l'articulation leur ont
départis. Amaurose : cela ne semble-t-il
pas, tout d'abord, un mot d'amour ? Et
quel poëte, en même temps que les lau-

roses et les lorioses ne vaudrait cueillir pour ses vers les couperoses et les madaroses ?

Savoir la signification des mots est souvent attristant : la pompe des sedors s'éteint sous l'eau où on les traîne, et les erminettes fraîches comme des joues de petite fille s'ébrêchent en les entailles, et se rouillent de la sueur du charpentier.

Aussi les mots que j'adore et que je collectionne comme des joyaux sont ceux dont le sens m'est fermé, ou presque, les mots imprécis, les syllabes de rêve, les marjolaines et les milloraines, fleurs jamais vues, fuyantes fées qui ne hantent que les chansons de nourrice.

O princesses d'antan glorifiées de menuvair, est-ce d'émaux ou de fourrures, et voulut-on alléguer votre robe ou votre blason ?

Si la jaune chélidoine a fleuri, en est-elle moins la pierre des philtres et des surprises ?

Quelles réalités me donneront les saveurs que je rêve à ce fruit de l'Inde et des songes, le myrobolan, — ou les couleurs

*royales dont je pare l'omphax, en ses loin-
taines gloires ?*

*Quelle musique est comparable à la so-
norité pure des mots obscurs, ô cyclamor ?
Et quelle odeur à tes émanations vierges,
ô sanguisorbe ?*

———

LE PARACLET DES POETES

LE PARACLET DES POÈTES

Il y a encore des hérésies et, sur le trouble océan des indifférences spirituelles, quelques nacelles où des sectaires, plutôt doux, fébriles tout au plus, se laissent bercer par le flot en rêvant de rénovations religieuses.

L'une de ces sectes attend le Paraclet, c'est-à-dire le Messie des derniers jours, l'homme divin en qui s'incarnera l'Esprit Saint, comme en Jésus de Nazareth s'incarna le Fils : ces temps advenus, une joie s'épandra au-dessus du monde et descendra dans tous les cœurs ; ce sera le règne, tant espéré, de la Justice et de la Bonté, de l'Amour et de l'Intelligence, — de l'Esprit, en un mot, lequel est tout cela et bien plus encore, puisqu'il est la Spiritualité la plus parfaite.

Une telle hérésie n'est pas neuve : elle commença de se manifester peu de temps après l'Ascension du Christ et fut propagée par des hommes simples, étonnés de ce qu'après la purification du monde par le Fils, le monde, cependant, ne fût guère devenu plus habitable.

Les siècles s'en allèrent, et il y avait toujours des Paraclétistes occupés à regarder si un signe n'allait pas paraître au ciel, annonçant la naissance du Roi juste; ils en virent parfois, des signes, mais faux, ce qui ne les décourageait pas. Ils ne cessèrent de crier, ces crédules charmants, et ils crient encore :

« Il va venir ! il vient ! le règne va s'inaugurer ! Les temps sont proches ! » Les événements qui n'arrivent jamais ont toujours été prédits avec les mêmes formules.

Les clameurs des Paraclétistes, je les ai entendues, — mais il ne s'agissait ni de religion, ni de rénovation spirituelle : il s'agissait de littérature.

Il y a, parmi les écrivains, un groupe de naïfs entêtés, lesquels, fermant obstinément leurs yeux au présent, regardent, eux aussi,

dans l'avenir, guettant la survenance du
Génie.

Le Génie, pour eux, est l'homme qui
viendra sûrement, prochainement, afin
d'exprimer très haut les idées — bien que
contradictoires — du groupe, et de revêtir
d'une forme imposante les imprécises ima-
ginations de ces orphelins. Ce Génie, en
effet, sera comme leur père, leur tuteur,
leur guide, leur accoucheur, leur Socrate,
et il les soutiendra de sa force et de son
amour dans les labeurs de l'enfantement,
qu'ils redoutent — mais qu'ils ne connaî-
tront jamais.

Quant au Paraclet, quant au Génie, il
viendra peut-être — et ceux qui l'auront
appelé le plus souvent seront les premiers à
le nier et à railler sa providentielle
mission.

Il viendra, ce Génie, car il est déjà venu,
et beaucoup de ceux qui l'attendent encore
l'ont connu et l'ont méconnu ; à sa mort,
quelques-uns se convertirent ; d'autres s'en-
durcirent dans leur crime d'espérer vaine-
ment.

O Paraclétistes, regardez donc autour

de vous, parmi vous : il est peut-être là ;
toujours là. Il y en a toujours un, il y en a
souvent plusieurs, car l'Esprit est multi-
forme.

Prenez garde de l'avoir laissé passer
inconnu, pauvre et blessé ; prenez garde de
l'avoir flagellé ; prenez garde de le cruci-
fier ; prenez garde de n'être que des Gen-
tils et des Philistins.

TABLE

TABLF

———

Achevé d'imprimer

Sur les Presses de Edmond Monnoyer

Au Mans

Le Premier Mai 1893

www.ingramcontent.com/pod-product-compliance
Lightning Source LLC
LaVergne TN
LVHW022127080426
835511LV00007B/1068